Mes adresses BIO

Répertoire éco-responsable du producteur au consommateur

Un engagement social et éthique.

J'intègre l'environnement dans mes décisions liées au processus d'achat.

Je consomme durable !

Répertoriez vos adresses préférées de producteurs bio, éco-responsable.

Ecrivez vos produits de qualité, qui vous font plaisir.

Utilisez de façon fluide et pratique pour vos commandes de produits régionaux.

Une méthode de consommation engagée, durable et positive.

Ce répertoire est un incontournable pour une vie remplie de sens !

Liste de produits:

Notes personnelles:

Liste des prestations:

Producteur de...

Artisan de...

Nom de l'entreprise...

Coordonnées de l'entreprise...

Région de l'entreprise...

Tel fixe:

Tel Portable:

Heures d'ouvertures
Vente directe:
Lieux des Marchés:

Autres informations du producteur, de l'artisan::

Liste des produit proposés par le producteur, l'artisan::	Commande Date mode de paiement::

Producteur de...

Artisan de...

Nom de l'entreprise...

Coordonnées de l'entreprise...

Région de l'entreprise...

Tel fixe:

Tel Portable:

Heures d'ouvertures
Vente directe:
Lieux des Marchés:

Autres informations du producteur, de l'artisan::

Liste des produit proposés par le producteur, l'artisan::	Commande Date mode de paiement::

Producteur de...

Artisan de...

Nom de l'entreprise...

Coordonnées de l'entreprise...

Région de l'entreprise...

Tel fixe:

Tel Portable:

Heures d'ouvertures
Vente directe:
Lieux des Marchés:

Autres informations du producteur, de l'artisan::

Liste des produit proposés par le producteur, l'artisan::	Commande Date mode de paiement::

Producteur de...

Artisan de...

Nom de l'entreprise...

Coordonnées de l'entreprise...

Région de l'entreprise...

Tel fixe:

Tel Portable:

Heures d'ouvertures
Vente directe:
Lieux des Marchés:

Autres informations du producteur, de l'artisan::

Liste des produit proposés par le producteur, l'artisan::	Commande Date mode de paiement::

Producteur de…

Artisan de…

Nom de l'entreprise…

Coordonnées de l'entreprise…

Région de l'entreprise…

Tel fixe:

Tel Portable:

Heures d'ouvertures
Vente directe:
Lieux des Marchés:

Autres informations du producteur, de l'artisan:

Liste des produit proposés par le producteur, l'artisan:	Commande Date mode de paiement:

©ConsomDurable

Producteur de…

Artisan de…

Nom de l'entreprise…

Coordonnées de l'entreprise…

Région de l'entreprise…

Tel fixe:

Tel Portable:

Heures d'ouvertures
Vente directe:
Lieux des Marchés:

Autres informations du producteur, de l'artisan::

Liste des produit proposés par le producteur, l'artisan::	Commande Date mode de paiement::

Producteur de…

Artisan de…

Nom de l'entreprise…

Coordonnées de l'entreprise…

Région de l'entreprise…

Tel fixe:

Tel Portable:

Heures d'ouvertures
Vente directe:
Lieux des Marchés:

Autres informations du producteur, de l'artisan::

Liste des produit proposés par le producteur, l'artisan::	Commande Date mode de paiement::

Producteur de...

Artisan de...

Nom de l'entreprise...

Coordonnées de l'entreprise...

Région de l'entreprise...

Tel fixe:

Tel Portable:

Heures d'ouvertures
Vente directe:
Lieux des Marchés:

Autres informations du producteur, de l'artisan::

Liste des produit proposés par le producteur, l'artisan::	Commande Date mode de paiement::

©ConsomDurable

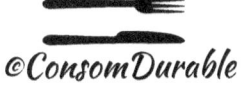

Producteur de...

Artisan de...

Nom de l'entreprise...

Coordonnées de l'entreprise...

Région de l'entreprise...

Tel fixe:

Tel Portable:

Heures d'ouvertures
Vente directe:
Lieux des Marchés:

Autres informations du producteur, de l'artisan::

Liste des produit proposés par le producteur, l'artisan::	Commande Date mode de paiement::

Producteur de...

Artisan de...

Nom de l'entreprise...

Coordonnées de l'entreprise...

Région de l'entreprise...

Tel fixe:

Tel Portable:

Heures d'ouvertures
Vente directe:
Lieux des Marchés:

Autres informations du producteur, de l'artisan::

Liste des produit proposés par le producteur, l'artisan::	Commande Date mode de paiement::

Producteur de...

Artisan de...

Nom de l'entreprise...

Coordonnées de l'entreprise...

Région de l'entreprise...

Tel fixe:

Tel Portable:

Heures d'ouvertures
Vente directe:
Lieux des Marchés:

Autres informations du producteur, de l'artisan::

Liste des produit proposés par le producteur, l'artisan::	Commande Date mode de paiement::

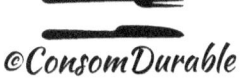

©ConsomDurable

Producteur de...

Artisan de...

Nom de l'entreprise...

Coordonnées de l'entreprise...

Région de l'entreprise...

Tel fixe:

Tel Portable:

Heures d'ouvertures
Vente directe:
Lieux des Marchés:

Autres informations du producteur, de l'artisan::

Liste des produit proposés par le producteur, l'artisan::	Commande Date mode de paiement::

Producteur de...

Artisan de...

Nom de l'entreprise...

Coordonnées de l'entreprise...

Région de l'entreprise...

Tel fixe:

Tel Portable:

Heures d'ouvertures
Vente directe:
Lieux des Marchés:

Autres informations du producteur, de l'artisan:

Liste des produit proposés par le producteur, l'artisan::	Commande Date mode de paiement::

©ConsomDurable

Producteur de…

Artisan de…

Nom de l'entreprise…

Coordonnées de l'entreprise…

Région de l'entreprise…

Tel fixe:

Tel Portable:

Heures d'ouvertures
Vente directe:
Lieux des Marchés:

Autres informations du producteur, de l'artisan::

Liste des produit proposés par le producteur, l'artisan::	Commande Date mode de paiement::

©ConsomDurable

Producteur de...

Artisan de...

Nom de l'entreprise...

Coordonnées de l'entreprise...

Région de l'entreprise...

Tel fixe:

Tel Portable:

Heures d'ouvertures
Vente directe:
Lieux des Marchés:

Autres informations du producteur, de l'artisan::

Liste des produit proposés par le producteur, l'artisan::	Commande Date mode de paiement::

Producteur de...

Artisan de...

Nom de l'entreprise...

Coordonnées de l'entreprise...

Région de l'entreprise...

Tel fixe:

Tel Portable:

Heures d'ouvertures
Vente directe:
Lieux des Marchés:

Autres informations du producteur, de l'artisan::

Liste des produit proposés par le producteur, l'artisan::	Commande Date mode de paiement::

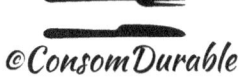

Producteur de...

Artisan de...

Nom de l'entreprise...

Coordonnées de l'entreprise...

Région de l'entreprise...

Tel fixe:

Tel Portable:

Heures d'ouvertures
Vente directe:
Lieux des Marchés:

Autres informations du producteur, de l'artisan::

Liste des produit proposés par le producteur, l'artisan::	Commande Date mode de paiement::

Producteur de…

Artisan de…

Nom de l'entreprise…

Coordonnées de l'entreprise…

Région de l'entreprise…

Tel fixe:

Tel Portable:

Heures d'ouvertures
Vente directe:
Lieux des Marchés:

Autres informations du producteur, de l'artisan::

Liste des produit proposés par le producteur, l'artisan::	Commande Date mode de paiement::

Producteur de...

Artisan de...

Nom de l'entreprise...

Coordonnées de l'entreprise...

Région de l'entreprise...

Tel fixe:

Tel Portable:

Heures d'ouvertures
Vente directe:
Lieux des Marchés:

Autres informations du producteur, de l'artisan::

Liste des produit proposés par le producteur, l'artisan::	Commande Date mode de paiement::

©ConsomDurable

Producteur de...

Artisan de...

Nom de l'entreprise...

Coordonnées de l'entreprise...

Région de l'entreprise...

Tel fixe:

Tel Portable:

Heures d'ouvertures
Vente directe:
Lieux des Marchés:

Autres informations du producteur, de l'artisan:

Liste des produit proposés par le producteur, l'artisan::	Commande Date mode de paiement::

©ConsomDurable

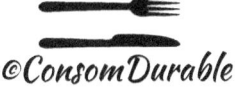

Producteur de...

Artisan de...

Nom de l'entreprise...

Coordonnées de l'entreprise...

Région de l'entreprise...

Tel fixe:

Tel Portable:

Heures d'ouvertures
Vente directe:
Lieux des Marchés:

Autres informations du producteur, de l'artisan::

Liste des produit proposés par le producteur, l'artisan::	Commande Date mode de paiement::

Producteur de...

Artisan de...

Nom de l'entreprise...

Coordonnées de l'entreprise...

Région de l'entreprise...

Tel fixe:

Tel Portable:

Heures d'ouvertures
Vente directe:
Lieux des Marchés:

Autres informations du producteur, de l'artisan:

Liste des produit proposés par le producteur, l'artisan::	Commande Date mode de paiement::

©ConsomDurable

Producteur de...

Artisan de...

Nom de l'entreprise...

Coordonnées de l'entreprise...

Région de l'entreprise...

Tel fixe:

Tel Portable:

Heures d'ouvertures
Vente directe:
Lieux des Marchés:

Autres informations du producteur, de l'artisan::

Liste des produit proposés par le producteur, l'artisan::	Commande Date mode de paiement::

©ConsomDurable

Producteur de...

Artisan de...

Nom de l'entreprise...

Coordonnées de l'entreprise...

Région de l'entreprise...

Tel fixe:

Tel Portable:

Heures d'ouvertures
Vente directe:
Lieux des Marchés:

Autres informations du producteur, de l'artisan::

Liste des produit proposés par le producteur, l'artisan::	Commande Date mode de paiement::

©ConsomDurable

Producteur de…

Artisan de…

Nom de l'entreprise…

Coordonnées de l'entreprise…

Région de l'entreprise…

Tel fixe:

Tel Portable:

Heures d'ouvertures
Vente directe:
Lieux des Marchés:

Autres informations du producteur, de l'artisan::

Liste des produit proposés par le producteur, l'artisan::	Commande Date mode de paiement::

©ConsomDurable

Producteur de...

Artisan de...

Nom de l'entreprise...

Coordonnées de l'entreprise...

Région de l'entreprise...

Tel fixe:

Tel Portable:

Heures d'ouvertures
Vente directe:
Lieux des Marchés:

Autres informations du producteur, de l'artisan::

Liste des produit proposés par le producteur, l'artisan::	Commande Date mode de paiement::

©ConsomDurable

Producteur de...

Artisan de...

Nom de l'entreprise...

Coordonnées de l'entreprise...

Région de l'entreprise...

Tel fixe:

Tel Portable:

Heures d'ouvertures
Vente directe:
Lieux des Marchés:

Autres informations du producteur, de l'artisan::

Liste des produit proposés par le producteur, l'artisan::	Commande Date mode de paiement::

©ConsomDurable

Producteur de...

Artisan de...

Nom de l'entreprise...

Coordonnées de l'entreprise...

Région de l'entreprise...

Tel fixe:

Tel Portable:

Heures d'ouvertures
Vente directe:
Lieux des Marchés:

Autres informations du producteur, de l'artisan::

Liste des produit proposés par le producteur, l'artisan:	Commande Date mode de paiement:

©ConsomDurable

Producteur de...

Artisan de...

Nom de l'entreprise...

Coordonnées de l'entreprise...

Région de l'entreprise...

Tel fixe:

Tel Portable:

Heures d'ouvertures
Vente directe:
Lieux des Marchés:

Autres informations du producteur, de l'artisan::

Liste des produit proposés par le producteur, l'artisan::	Commande Date mode de paiement::

©ConsomDurable

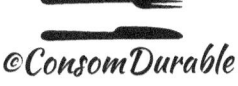

Producteur de...

Artisan de...

Nom de l'entreprise...

Coordonnées de l'entreprise...

Région de l'entreprise...

Tel fixe:

Tel Portable:

Heures d'ouvertures
Vente directe:
Lieux des Marchés:

Autres informations du producteur, de l'artisan::

Liste des produit proposés par le producteur, l'artisan::	Commande Date mode de paiement::

©ConsomDurable

Producteur de...

Artisan de...

Nom de l'entreprise...

Coordonnées de l'entreprise...

Région de l'entreprise...

Tel fixe:

Tel Portable:

Heures d'ouvertures
Vente directe:
Lieux des Marchés:

Autres informations du producteur, de l'artisan:

Liste des produit proposés par le producteur, l'artisan:	Commande Date mode de paiement:

©ConsomDurable

Producteur de...

Artisan de...

Nom de l'entreprise...

Coordonnées de l'entreprise...

Région de l'entreprise...

Tel fixe:

Tel Portable:

Heures d'ouvertures
Vente directe:
Lieux des Marchés:

Autres informations du producteur, de l'artisan:

Liste des produit proposés par le producteur, l'artisan::	Commande Date mode de paiement::

©ConsomDurable

Producteur de…

Artisan de…

Nom de l'entreprise…

Coordonnées de l'entreprise…

Région de l'entreprise…

Tel fixe:

Tel Portable:

Heures d'ouvertures
Vente directe:
Lieux des Marchés:

Autres informations du producteur, de l'artisan::

Liste des produit proposés par le producteur, l'artisan::	Commande Date mode de paiement::

©ConsomDurable

Producteur de…

Artisan de…

Nom de l'entreprise…

Coordonnées de l'entreprise…

Région de l'entreprise…

Tel fixe:

Tel Portable:

Heures d'ouvertures
Vente directe:
Lieux des Marchés:

Autres informations du producteur, de l'artisan::

Liste des produit proposés par le producteur, l'artisan::	Commande Date mode de paiement::

Producteur de…

Artisan de…

Nom de l'entreprise…

Coordonnées de l'entreprise…

Région de l'entreprise…

Tel fixe:

Tel Portable:

Heures d'ouvertures
Vente directe:
Lieux des Marchés:

Autres informations du producteur, de l'artisan::

Liste des produit proposés par le producteur, l'artisan::	Commande Date mode de paiement::

©ConsomDurable

Producteur de...

Artisan de...

Nom de l'entreprise...

Coordonnées de l'entreprise...

Région de l'entreprise...

Tel fixe:

Tel Portable:

Heures d'ouvertures
Vente directe:
Lieux des Marchés:

Autres informations du producteur, de l'artisan::

Liste des produit proposés par le producteur, l'artisan::	Commande Date mode de paiement::

©ConsomDurable

Producteur de...

Artisan de...

Nom de l'entreprise...

Coordonnées de l'entreprise...

Région de l'entreprise...

Tel fixe:

Tel Portable:

Heures d'ouvertures
Vente directe:
Lieux des Marchés:

Autres informations du producteur, de l'artisan::

Liste des produit proposés par le producteur, l'artisan::	Commande Date mode de paiement::

Producteur de…

Artisan de…

Nom de l'entreprise…

Coordonnées de l'entreprise…

Région de l'entreprise…

Tel fixe:

Tel Portable:

Heures d'ouvertures
Vente directe:
Lieux des Marchés:

Autres informations du producteur, de l'artisan:

Liste des produit proposés par le producteur, l'artisan::	Commande Date mode de paiement::

Producteur de...

Artisan de...

Nom de l'entreprise...

Coordonnées de l'entreprise...

Région de l'entreprise...

Tel fixe:

Tel Portable:

Heures d'ouvertures
Vente directe:
Lieux des Marchés:

Autres informations du producteur, de l'artisan::

Liste des produit proposés par le producteur, l'artisan::	Commande Date mode de paiement::

Producteur de…

Artisan de…

Nom de l'entreprise…

Coordonnées de l'entreprise…

Région de l'entreprise…

Tel fixe:

Tel Portable:

Heures d'ouvertures
Vente directe:
Lieux des Marchés:

Autres informations du producteur, de l'artisan::

Liste des produit proposés par le producteur, l'artisan::	Commande Date mode de paiement::

©ConsomDurable

Producteur de...

Artisan de...

Nom de l'entreprise...

Coordonnées de l'entreprise...

Région de l'entreprise...

Tel fixe:

Tel Portable:

Heures d'ouvertures
Vente directe:
Lieux des Marchés:

Autres informations du producteur, de l'artisan:

Liste des produit proposés par le producteur, l'artisan::	Commande Date mode de paiement::

©ConsomDurable

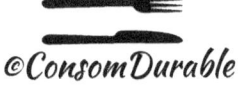

Producteur de…

Artisan de…

Nom de l'entreprise…

Coordonnées de l'entreprise…

Région de l'entreprise…

Tel fixe:

Tel Portable:

Heures d'ouvertures
Vente directe:
Lieux des Marchés:

Autres informations du producteur, de l'artisan::

Liste des produit proposés par le producteur, l'artisan::	Commande Date mode de paiement::

Liste des produit proposés par le producteur, l'artisan::	Commande Date mode de paiement::

Producteur de…

Artisan de…

Nom de l'entreprise…

Coordonnées de l'entreprise…

Région de l'entreprise…

Tel fixe:

Tel Portable:

Heures d'ouvertures
Vente directe:
Lieux des Marchés:

Autres informations du producteur, de l'artisan::

Liste des produit proposés par le producteur, l'artisan:	Commande Date mode de paiement:

Producteur de...

Artisan de...

Nom de l'entreprise...

Coordonnées de l'entreprise...

Région de l'entreprise...

Tel fixe:

Tel Portable:

Heures d'ouvertures
Vente directe:
Lieux des Marchés:

Autres informations du producteur, de l'artisan::

Liste des produit proposés par le producteur, l'artisan:	Commande Date mode de paiement:

Producteur de...

Artisan de...

Nom de l'entreprise...

Coordonnées de l'entreprise...

Région de l'entreprise...

Tel fixe:

Tel Portable:

Heures d'ouvertures
Vente directe:
Lieux des Marchés:

Autres informations du producteur, de l'artisan::

Liste des produit proposés par le producteur, l'artisan::	Commande Date mode de paiement::

www.ingramcontent.com/pod-product-compliance
Lightning Source LLC
Chambersburg PA
CBHW020555220526
45463CB00006B/2322